MAZET,

COMÉDIE

EN

DEUX ACTES EN VERS,

MÊLÉE D'ARIETTES,

PAR M. ANSEAUME.

La Musique est de M. DUNY.

Le Prix est de 11 *Sols.*

A LA HAYE,

Chez H. CONSTAPEL, Libraire

MDCCLXIII.

PERSONNAGES.

Madame GERTRUDE, *vieille veuve.*

ISABELLE, } *Niéces de Madame Gertrude.*
THERESE, }

NUTO, *vieux Jardinier.*

MAZET, *jeune Payſan, amoureux de Thereſe.*

La Scéne du premier Acte eſt devant la porte du Château de Madame Gertrude.

La Scène du ſecond Acte eſt dans le Jardin du Château. A droite il y a une voliére grillée, dans laquelle ſont des oiſeaux, comme moineaux, tourterelles, &c. A gauche une bande de parterre, où il y a des roſes, des œillets, &c. Plus loin, vers le fond de chaque côté, des arbriſſeaux, des caiſſes d'orangers, &c.

MAZET,

COMÉDIE

EN

DEUX ACTES EN VERS.

ACTE I.

SCENE PREMIERE.

NUTO, *seul.*

ARIETTE I.

AH! la maison maudite!
Enfin m'en voila quitte.
J'ai reçu mon congé.
Le plaisir me transporte,
On m'a mis à la porte,
Je suis bien soulagé.

Ser-

Servir chez des femelles,
C'eſt un metier de chien.
Quoiqu'on faſſe avec elles,
On ne fait jamais bien.
Il faut être à l'attache,
Ni la nuit, ni le jour.
On va, l'on vient, l'on court,
Si par bonne fortune
Vous en contez une,
Les autres auſſi-tôt
Crieront encor plus haut.
Ah! la maiſon maudite!
Enfin, m'en voila quitte,
J'ai reçu mon congé,
Je ſuis bien ſoulagé.

Je ſuis en liberté, ſans un ſou, mais n'importe.
Quand je devrois de porte en porte
Allez chercher mon pain,
Jé n'en ſerois pas plus chagrin.
Trois femmes, ou plutôt trois Diables
M'ont fait dans ce logis enrager tant de fois,
Qu'il eſt impoſſible, je crois,
De Souffrir aux Enfers des maux plus effroyables.

SCENE II.

NUTO, MAZET.

MAZET *à part.*

ARIETTE II.

ON me diſoit ſouvent
Qu'Amour eſt un tourment,

Je

Je n'en voulois rien croire:
Je le fens à prefent.
Je vivois fi content,
Tout mon amufement
Etoit de rire & boire.
Hélas! depuis le jour
Que le fripon d'Amour
S'eft logé dans mon coeur
Adieu la belle humeur.
Oui, je fens à prefent
Qu'Amour eft un Tourment.

NUTO.

Qu'as-tu donc, cher Mazet?

MAZET.

Le Chagrin me posféde.

NUTO.

Oh, Oh, que t'eft-il donc arrivé de fâcheux?

MAZET, *foupirant.*

Ah! Nuto, je fuis amoureux.

NUTO.

Ton malheur n'eft pas fans remede.
Eh! quel eft l'objet de tes feux?

MAZET.

Un tendron tout charmant que j'ai vû dans ces lieux.

NUTO.

Ah, ah!

MAZET.

Derniérement, le long de la Charmille
Qui de ce côté là borde votre jardin,
En revenant des Champs, je paffois mon chemin...

NU-

NUTO.

Hé bien!

MAZET.

Hé bien! j'ai vû la plus aimable fille,
Jeune, fringante, alerte, enfin toute gentille.

NUTO.

Hé bien!

MAZET.

Hé bien! mon cher, depuis ce tems je grille.
Ca me tient toujours là. Je ne ſuis plus à moi,
Je languis, je ſoupire, & ſans ſçavoir pourquoi.

NUTO.

Et quel eſt ton deſſein?

MAZET.

D'aller trouver la belle,
De lui conter de bout en bout,
L'amitié que je ſens pour elle;
Et de lui demander, ſi je ſuis de ſon gout.

NUTO.

Hé bien!

MAZET.

Toujours hé bien! le reſte va de ſuite.
Si par Hazard je vois que je lui plaîs,
Je l'épouſe tout au plus vîte.

NUTO.

Hé bien! mon cher Mazet, malgré tout ton mérite,
Croi-moi, tens ailleurs tes filets:
De tels oiſeaux pour toi ne ſont point faits.

MAZET.

De vos Dames, je ſçais, on vante la nobleſſe:

Oui,

Oui, mais on dit qu'elles n'ont rien,
Ce Vieux Château fait tout leur bien.
Moi j'ai des écus, ma richesse
Pourroit bien applanir toute difficulté.

NUTO.

Tu n'en feras pas mieux traité.

ARIETTE III.

Joli minois tente d'abord:
Pour l'obtenir on se déméne,
On le poursuit avec transport
Sans épargner, ni soin, ni peine:
On croit gagner un grand tresor.
On a bien tort. *bis.*
Ces beaux de hors servent de masques
A ces Esprits bourrus, fantasques.
Un pauvre époux au bout du mois
Lorsque son mal est incurable,
En enrageant se mord les doigts,
Et de bon coeur il donne au diable
Joli minois.

Pendant dix ans entiers, la tante & les deux nièces
M'ont fait plus de cent tours, m'ont joué mille piéces,
La Cadette surtout . . . . .

MAZET *vivement.*

Celle qui m'a charmé?

NUTO.

Cela se peut.

MAZET, *d'un ton affectueux.*

Croi tu que j'en puisse être aimé?

NUTO.

J'en doute.

MAZET.

Quelqu'un vient.

NUTO.

C'eſt Madame Gertrude.

MAZET.

La tante.

NUTO.

Juſtement.

MAZET.

Elle a la mine rude.

NUTO.

Auſſi l'eſt elle.

MAZET.

Adieu, je me ſauve.

Il ſort.

SCENE III.

NUTO, Madame GERTRUDE.

M. GERTRUDE, *à la cantonnade.*

ARIETTE IV.

Voyez donc,
Sur quel ton
Ces pimbêches,
Pigriéches,
A leur gout,
Reglent tout!

Quand

Quand j'ordonne quelque chose,
A mes voeux chacun s'oppose.
L'on en glose,
L'on en cause,
L'on en rit;
L'on n'agit
Qu'a sa guise.
Mais j'entends,
Je pretends
Que l'on dise,
Comme moi;
Ou, ma foi,
Nous verrons,
Nous saurons
Si je dois
A vos loix
M'asservir,
Si je dois
Obéir.

(*s'approchant de Nuto*)

Te voilà, Nuto?

NUTO.

Oui, Madame.

M. GERTRUDE.

Quoi! tu peux en être ravi,
Après un tems si long!

NUTO.

Oh, trop long sur mon ame.

M. GERTRUDE.

Il ne tiendroit encor qu'à toi de revenir.

NUTO.

Non, vous m'avez trop fait souffrir.

M. GERTRUDE.

J'ai fait ton compte, & voilà ſur tes gages
Ce qui te revient. (*Elle lui donne une bourſe.*)

NUTO *mettant l'argent dans ſa poche.*

Bon.

M. GERTRUDE.

Mais il ne convient pas
De t'en aller ainſi ſans finir tes ouvrages.

NUTO.

Quelqu'autre les fera; pour moi, j'en ſuis trop las.

M. GERTRUDE.

ARIETTE V.

Comment pendart,
Sans nul égard,
Quand ta Maitreſſe
A la foibleſſe
De s'abbaiſſer
A te prier, à te preſſer,
Tu n'en tiens compte!
N'as-tu pas honte?
Moi qui ſuis bonne,
Je te pardonne:
Et pour mon grand merci
Tu fais le rencheri!
Fi, fi.
Mais tu fais bien,
Et tu te rens juſtice:
Pour le Service
Tu n'es plus propre à rien.

NUTO.

Dans mon jeune âge,
Avec plus de courage,
Je vous ſervois,
Pour vous je travaillois;

Mais

Mais la vieilleſſe
Enfante la pareſſe,
Je ne deſire après tant de travaux
Que le repos

M. GERTRUDE.

Mais tu fais bien,
Et tu te rends juſtice:
Pour le ſervice
Tu n'es plus propre à rien.

Elle ſort.

NUTO *ſeul.*

Voilà bien l'eſprit feminin;
Dès l'inſtant qu'on la contrarie,
Une femme devient pire qu'une furie:
Et lui parler raiſon, c'eſt lui parler en vain.

SCENE IV.

NUTO, MAZET.

MAZET *accourant.*

He bien, que dit la bonne tante?
Elle ne paroît pas contente.

NUTO.

Elle vouloit m'amadouer
Pour me faire rentrer chez elle; mais morguenne
Bien Sot qui voudroit s'y jouer,
Autant vaudroit être à la chaîne.

MAZET.

Comment vous en êtes ſorti !

NUTO.

Oui, vraiment, ſorti d'aujourd'hui.

MAZET.

Ah! Nuto, mon Ami, vien ça que je t'embraſſe.

NUTO.

Quel vertigo te prend?

MAZET.

Tu dis donc que ta place
Eſt vacante dans la maiſon.
(*à part.*) C'eſt une bonne occaſion.
(*haut.*) Veux-tu me rendre un grand Service?
Tu le peux.

NUTO.

C'eſt ſelon.

MAZET.

Point de condition.
Il faut me le promettre à l'inſtant.

NUTO.

Quel Caprice!

MAZET.

Je ſçaurai t'en recompenſer.

NUTO.

De quoi s'agit-il

MAZET.

Fais en ſorte
Que je puiſſe te remplacer.

NUTO.

Tu badines, je crois.

MA-

MAZET.

Non, le Diable m'emporte.

NUTO.

Quoi, tu voudrois ſervir! toi, qui dans le Canton
Poſſedes des biens à foiſon,
Et tiens vingt Ouvriers à tes gages!

MAZET.

Qu'importe?

NUTO.

Pour t'approcher de l'objet de tes vœux.
Dans les transports d'un cœur ſenſible,
Tout te paroît poſſible:
Mais ſçais tu bien ce que tu veux?

ARIETTE VI.

Avec un Turc, un Corſaire
Je vivrai tant qu'on voudra,
J'aurai pour le ſatisfaire
L'empreſſement qu'il faudra,
Je ferai tant pour lui plaire
Qu'à la fin il ſe rendra.
Mais une femme hautaine
Vous donne bien plus de peine:
Tout le long de la Semaine
Travaillez à perdre haleine,
Toujours elle ſe plaindra,
Elle n'eſt jamais contente,
Elle excéde, impatiente
Et vous reduit aux abois.....
Jugez quand elles ſont trois.

MAZET.

Elles ſeroient une douzaine,
Je n'en ſerois pas plus en peine.
J'ai pour ſortir d'embarras
De la jeuneſſe & deux bons bras.

ARIETTE VII.

Je ſens qu'un Vieillard
Parmi des fillettes
Encore jeunettes
Eſt mis à l'écart.
Mais un égrillard
De mine joyeuſe,
De trempe Amoureuſe,
Leur plait tôt ou tard.
Auprès de la vieille
Je ferai merveille;
Elle m'aimera
Quand elle verra
Avec quel courage
Je vais à l'ouvrage,
Quand il faut bêcher,
Quand il faut piocher.
Rien ne m'épouvante.
Les Niéces, la tante,
Bientôt diront, oh, oh,
Voilà ce qu'il nous faut
Mazet, oui, Mazet
Eſt notre fait.

NUTO.

Je crains pour toi cet avantage.
Qui te rend ſi ſûr & ſi fier.
Te voila dans le feu de l'âge,

Tu

Tu vas te preſenter d'un air
Dont Gertrude bientôt concevra de l'ombrage.

MAZET.

C'eſt bien dit, mais écoute, il me vient un projet:
Qui me réuſſira, je gage.

NUTO.

Quel eſt ce beau projet?

MAZET.

Je ferai le muet.

NUTO.

Tu ne pourras jamais joüer ce perſonnage.
Et tu vas t'expoſer....

MAZET.

Ne t'embaraſſe pas.
Je t'en répons.

NUTO.

Voyons comme tu t'y prendras.

ARIETTE VIII.

C'eſt Madame qui viendra.
Pour ſçavoir ce qui ſe paſſe;
Et puis elle te dira:
Mon enfant, dis moi de grace,
Que fait Thérefe?

(*Mazet imite l'action de coudre.*)

Bon cela.
Iſabelle
Que fait-elle?

(*Mazet imite avec ſes doigts l'action de tricoter.*)

C'eſt

C'est au mieux. Personne ici
N'est il venu?

(*Mazet désigne un Bailli, par la grande perruque, le rabat & le demarche grave.*)

Qui donc?

(*Mazet recommence les mêmes Lazzis.*)

Oui,
Oui, c'est Monsieur le Bailli.
D'autres fois la Sœur ainée
Viendra te dire en grondant,
Quoi, déjà votre journée
Est finie? Et mais vraiment,
Mazet n'est-il pas malade?
Que lui faut-il?

(*Mazet imite l'action de boire.*)

Bon, razade.
Puis dans un autre moment
C'est la petite Thérese,
(Son nom seul! te fait bien aise)
Qui te dira: cher Mazet,
Vous me plaisez tout-à-fait.
M'aimez vous?

MAZET *vivement.*

Je vous adore,
Belle Thérese.

Ensemble {

NUTO.

Ah! pecore,
Est-ce ainsi qu'on est muet?

MAZET.

C'en est fait, je suis muet. }

NUTO.

C'est trop risquer. Je ne saurois
Me prêter à ce tripotage.

MA-

MAZET.

Nuto, je t'en conjure.

NUTO.

Mais,
Si l'on vient à ſcavoir.....

MAZET.

Et non, je te promets
Qu'on n'en ſçaura rien. (*à part.*) Ah! j'enrage.

NUTO.

Allons, cela ſuffit. Je vais
Prévenir Madame Gertrude.

MAZET.

Va donc vîte.

NUTO.

Pourvû.....

MAZET.

Sois ſans inquiétude.

NUTO.

Attens-moi, je vais revenir. (*Il ſort.*)

SCENE V.

MAZET *ſeul.*

Le bon homme a raiſon. J'entreprens une affaire
Où j'aurai ſûrement des dangers à courir.
Mais, n'importe à quel prix, je veux me ſatisfaire,
Le ſort en eſt jetté. Je n'en puis revenir.

ARIETTE IX.

Si la crainte du naufrage
Retenoit les Matelots,
Les verroit-on ſur les flots
Braver les vents & l'orage?
L'eſpoir d'amaſſer du bien
Eſt capable de tout faire,
De même l'Amour peut bien
Rendre un Amant téméraire.
Allons, vogue la galere:
Qui ne riſque rien, n'a rien.

Quelqu'un vient n'allons pas nous decouvrir nous-mêmes;
Si je dis un ſeul mot, Adieu le Stratagême.

SCENE VI.

Madame GERTRUDE, ISABELLE, THERESE, NUTO, MAZET.

QUATUOR.

M. GERTRUDE.

C'eſt donc là ce Garçon?

LA TANTE & LES DEUX SOEURS.

Il a bonne façon.
Comment t'appelle-t-on.

MA-

MAZET *faisant le muet.*

Hi hon, hi hon,

NUTO.

Il s'appelle Mazet.

LES TROIS FEMMES.

Est ce ainsi qu'il répond?
Ah! le plaisant jargon.

NUTO.

Helas! il est muet.

LES TROIS FEMMES.

Comment il est muet!

NUTO.

Oui muet, oui muet.

M. GERTRUDE.

A son age,
C'est dommage?
Et par quel accident.

LES DEUX SOEURS.

Depuis quand, mon enfant,
As-tu cet accident.

MAZET.

Hin hi, hon han.

LES TROIS FEMMES.

Le drôle de langage!

NUTO.

Voilà tout son langage;
Mais cela n'y fait rien,
S'il vous convient.

M. GERTRUDE.

Très bien.

Ensemble.

NUTO.

C'est un bon travailleur,
Qui va droit en besogne,
Point jureur, point menteur,
Point causeur, point yvrogne.

LES SOEURS.

Je le crois bien.

M. GERTRUDE.

Fort bien, fort bien:
Allons, je le retiens.

NUTO.

Son seul défaut, hélas!
C'est qu'il ne parle pas.

LES TROIS FEMMES.

Ce n'est pas l'embarras.

NUTO.

C'est un bon travailleur, &c.

M. GERTRUDE.

Allons, je le retiens.

NUTO.

Cela va bien.

(*Les femmes emmenent Mazet dans le Château, & Nuto s'en va d'un autre côté.*)

Fin du Premier Acte.

ACTE

ACTE II.

SCENE I.

GERTRUDE, ISABELLE, THERESE.

TRIO.

GERTRUDE.

Faut-il tant de façon
Pour loger un garçon.

ISABELLE.

Le souterrain,
Dans le Jardin....

GERTRUDE & THERESE.

Il est mal sain.

THERESE.

La chambre basse,
Sous la terrasse....

ISABELLE & GERTRUDE.

Elle est trop loin.

ISABELLE.

L'orangerie.....

GERTRUDE & THERESE.

Est démolie.

THERESE.

Le Belveder . . .

ISABELLE & GERTRUDE.

Eſt trop à l'air.

GERTRUDE.

Laiſſez-moi faire,
J'ai ſon affaire.

ISABELLE.

Dans le Donjon.

Enſemble { THERESE.
Et non, & non.
GERTRUDE.

Fi donc! fi donc!
Laiſſez moi faire
J'ai ſon affaire.

Toutes { Faut-il tant de façon
Pour loger un garçon.

GERTRUDE *vivement.*

Voilà bien des raiſons, j'y pourvoirai moi même :
Vous ne ſçavez que babiller.

ISABELLE.

Mais auſſi pour un Jardinier,
Faut-il un Palais tout entier?

GERTRUDE.

Un Jardinier! quel arrogance extrême!
Il vous ſied bien de le prendre ſi haut!

THERESE.

Comment vous prétendez! . . .

GERTRUDE *durement.*

Je prétends ce qu'il faut,

Que

Que l'on ſoit, comme moi, civile, honnête, bonne,
Et qu'on ne mépriſe perſonne.

THERESE *à part.*

Comme elle!

GERTRUDE *durement.*

Un Jardinier! un Jardinier vous vaut,
Entendez vous? Les biens de votre Père,
Sans les ſoins que j'ai pris, feroient fort en arriére:
Ce qu'il vous à laiſſé, ſe reduit preſque à rien.

ISABELLE.

Vous n'avez contre nous que ce reproche à faire.

GERTRUDE *durement.*

C'eſt qu'il eſt à propos que vous le ſachiez bien.
A votre état preſent pliez vos Caractères:
Soyez moins hautaines, moins fiéres!
Quittez ce ton de vanité
Qui fait qu'à vos mépris chacun ſe trouve en bute;
Et pour les malheureux que le ſort perſécute,
Ayez un peu d'humanité. *Elle ſort.*

SCENE II.

ISABELLE, THERESE.

THERESE.

Qu'en dites-vous? il faut la prendre pour modèle.
Eh bien! voilà ce qui s'appelle
Donner des Leçons de douceur.

Le

Le ciel nous préſerve, ma Sœur
D'en avoir ſouvent de ſemblables.

ISABELLE.

Que voulez vous? C'eſt ſon humeur.

THERESE.

Mais c'eſt qu'elle devient enfin inſupportable.
Pour un rien chaque jour elle vous entreprend;
Et quand par reſpect pour ſon âge,
On veut bien lui céder pour appaiſer l'orage,
Soudain vous la voyez d'un avis different.

ISABELLE.

Il faut s'armer de patience.
Elle aime à quereller; on peut ſans conſequence
Lui laiſſer ce petit plaiſir.
C'eſt le ſeul à préſent dont elle peut jouir.

ARIETTE XII.

Quand une femme a fait ſon tems,
Elle eſt toujours triſte & ſevère.
En renonçant au droit de plaire,
Elle en néglige les talens.

De notre tante c'eſt l'Hiſtoire
Elle eut jadis quelques attraits,
Ils ne ſont plus qu'en ſa memoire;
Et nous ſouffrons de ſes regrets.

Un rien la fâche, un rien la bleſſe,
Malgré nos ſoins & nos égards . . .
Si l'on médit de la vieilleſſe,
C'eſt bien la faute des vieillards.

THERESE.

Il arrive de là que nous paſſons la vie
Fort triſtement. C'eſt une tyrannie. . . .

ISA-

ISABELLE.

Par quel moyen s'en affranchir?

THERESE.

J'en ſçais un,

ISABELLE.

Quel eſt-il?

THERESE.

C'eſt un bon mariage,
Ma Sœur.

ISABELLE.

Y penſez-vous? C'eſt changer d'eſclavage.

THERESE

D'accord; mais à changer j'aurois quelque plaiſir.

ISABELLE.

L'Hymen vous plaît donc bien, & ſelon votre idée.
Vous croyez dans ſes nœuds trouver beaucoup d'ap-
(pas.

THERESE

Je n'en ſaurois juger ne le connoiſſant pas;
Mais d'en faire l'eſſai, je ſerois fort tentée.

ARIETTE XIII.

De l'hymen que doit-on croire?
On en parle mal & bien.
L'un deteſte ce lien,
Et l'autre chante ſa gloire.
Qu'eſt-ce donc que cet hymen?

Pour moi, je n'y comprens rien.
L'un porte à regret ſes chaines,
L'autre en fait tous ſes plaiſirs.
S'il comble tous nos deſirs,

Comment cauſe t-il nos peines?
Qu'eſt-ce donc que cet hymen?
Pour moi, je n'y comprens rien.

Chacun change de ſiſtême,
Selon ſon propre intérêt.
Pour bien ſçavoir ce que c'eſt,
Je veux l'éprouver moi-même.

Vous qui feignez d'être inſenſible,
Gageons que dans le fond vous penſez comme moi.

ISABELLE.

Et mais. . . .

Avouez donc.

ISABELLE.

Oui, s'il étoit poſſible
De trouver un parti convenable.

THERESE.

Pourquoi
N'en trouverions-nous pas?

ISABELLE.

Dans l'état où nous ſommes,
Sans bien, le ſeul attrait qui ſéduiſe les hommes,
Qui voulez-vous qui penſe à nous?
Quelque ruſtre groſſier?

THERESE.

C'eſt toujours un Epoux.

ISABELLE.

Mais l'honneur de notre famille
Nous permet-il? . . .

THERESE.

Je ſuis de tout mon cœur

La

La servante de cet honneur ;
Mais pourtant mon dessein n'est pas de rester fille.

ISABELLE.

Le nom que vous portez. . . .

THERESE.

J'estime fort mon nom :
Cela ne m'empêche pas que dans l'occasion
Je ne le quitte pour un autre,
Fût-il moins noble que le nôtre,
Dès l'instant que je trouverai
Un Epoux qui soit à mon gré.
Et vous, si vous voulez me croire,
Vous vous moquerez de la gloire
Et vous imiterez mon exemple.

ISABELLE *à demi voix.*

Paix là.
Avec son Jardinier j'apperçois notre tante :
Voyez comme elle se tourmente.

THERESE.

Sauvons nous, ma sœur : la voilà,
Qui va crier tout de plus belles.

SCENE III.

ISABELLE, THERESE, GERTRUDE MAZET.

GERTRUDE *à ses niéces.*

HE bien! causeuses éternelles,
A quoi vous amusez vous là?

THERESE.

A rien, ma tante.

GERTRUDE.

Oh! oui, la chose est claire.
Au lieu de s'occuper! vous n'avez rien à faire
Apparemment? (*a Mazet*) Approche, mon ami.

ISABELLE.

Comme son ton est radouci!

THERESE.

Il seroit plaisant que la Dame
Sentît pour ce muet quelque tendresse d'âme.
Ah, ah! comme nous en ririons!

GERTRUDE.

Ah, ah! allez plus loin ricanner.

ISABELLE.

Nous partons.

THE-

THERESE.

Je voudrois pourtant bien entendre
Un peu leur converſation.

ISABELLE.

L'entretien ne ſera pas long.
Le pauvre garçon ne répond
Que par ſignes, auxquels on ne peut rien comprendre.

(*Pendant ce tems, la tante parle à Mazet comme pour lui preſcrire ce qu'il a à faire. Et Mazet lui répond par Signes, tantôt* oui, *tantôt* non, *puis par un ſigne de ſurpriſe, puis en mettant ſon doigt à ſon front.*)

THERESE.

N'importe: ce ſera pour nous un paſſe-tems.
Laiſſons ſortir ma tante, & dans quelques momens
Nous reviendrons. *Elles ſortent.*

GERTRUDE *à Mazet.*

Oui, mon enfant, ſois ſage:
Je viendrai te revoir tantôt.
Si mes niéces venoient contrôler ton ouvrage,
Rembarre-les-moi, comme il faut. *Elle ſort.*

SCENE IV.

MAZET, *ſeul.*

A la fin, la voila partie:
Elle n'a ſçu, je crois, ſe taire de ſa vie,

Cette

Cette maudite femme là.
Je ſuis déja las de mon rôle,
Je ne puis faire un pas que cette vieille folle
Ne s'en vienne après moi, fais ceci, fais cela,
Mon poulet, mon ami, patati, patata;
Et pour comble de maux, à ma chère Thérefe
Il ne m'eſt pas permis de pouvoir à mon aiſe
Gliſſer un pauvre petit mot.
Mais, quand je le pourrois, ſi ſa délicateſſe
D'un Muet prétendu blamoit la hardieſſe,
Le Muet pretendu ſeroit pris comme un ſot.

ARIETTE XIV.

Maudit ſoit le Stratagême
Qui ſe tourne contre moi.
Je me ſuis fait à moi même
Une trop ſevère loi.

Si je garde le ſilence,
On ignore mon amour;
Si je dis ce que je penſe,
On me Chaſſe ſans retour.

Prés de l'objet qui m'engage,
Pour exprimer mes deſirs
Je n'ai donc d'autre langage
Que les yeux & les ſoupirs.

Maudit ſoit le Stratagême
Qui ſe tourne contre moi.
Je me ſuis fait à moi même
Une trop ſevère loi.

Mais c'eſt trop tôt perdre courage:
Les deux Sœurs à propos viennent de ce côté,

Fai-

Faiſons ſemblant de rien. Mettons-nous à l'ouvrage;
Peut-être parviendrai-je au moment ſouhaité.

SCENE V.

MAZET *travaillant au jardin.* ISABELLE, THERESE.

THERESE.

Le Voilà ſeul, nous allons rire
Toutes deux: faiſons-le jaſer.

ISABELLE.

Mais il ne parle pas: que pourra-t il nous dire?

THERESE.

Je le ſçais bien. Ce n'eſt que pour nous amuſer.

MAZET *à part, toujours travaillant.*

Voici le moment favorable.
Si l'autre s'en alloit!

ISABELLE.

Mais ſi ma tante vient
Et nous voit lui parler, elle fera le diable.

THERESE.

N'ayez pas peur: le Bailli la retient,
Ils en ont pour une heure à diſputer enſemble.

MAZET *à part.*

Partira-t elle enfin?

THE-

THERESE.

Ne craignez rien.

ISABELLE.

Je tremble.

THERESE.

Et bien! l'une de nous n'a qu'à faire le guet,
Tandis que l'autre entretiendra Mazet.

ISABELLE.

C'eſt bien dit. Allez y.

THERESE.

Non, allez-y vous-même.

ISABELLE.

Commencez.

THERESE.

Non.

ISABELLE.

Pourquoi?

THERESE.

Je vous en prie, allez.

ISABELLE.

Vôtre entêtement eſt extrême;
Il faut vouloir tout ce que vous voulez.

SCENE VI.

MAZET, THERESE.

MAZET *à part.*

FOrt bien! elle s'en va.

THERESE *à part.*

Je ne ſçais comment faire...

MAZET *à part.*

Qu'elle eſt jolie!

THERESE *à part.*

Il à quelque choſe qui plaît.

MAZET *à part, & quittant ſon ouvrage.*

De ces fleurs formons un bouquet.

THERESE *à part.*

Je ſens en le voyant un trouble involontaire.

MAZET *la regarde de tems en tems en cueillant des fleurs.*

THERESE.

Il me regarde avec des yeux
Qui commencent à m'interdire.

(*Elle s'approche de Mazet.*)

Pour qui donc ce bouquet que tu fais?

MAZET, *la regarde encore en ſoupirant, & attache enſemble ſes fleurs.*

THERESE *à part.*

Il ſoupire.
En vérité je le crois amoureux :
Mais à qui s'adreſſent ſes voeux ?
Le bouquet va nous inſtruire.

MAZET *ayant fait ſon bouquet, vient le préſenter à Thereſe.*

THERESE.

Il me l'offre ! (*a Mazet.*) Quoi ! c'eſt pour moi ?

MAZET *répond* ouï, *par ſigne.*

THERESE.

Avec plaiſir je le reçois.

Elle tend la main pour le prendre, Mazet le retire.

THERESE.

Donne-le donc ?

MAZET *fait ſigne de la tête qu'il ne veut pas lui donner le bouquet dans ſa main.*

THERESE.

Hé bien ! que veux-tu dire ?

MAZET *fait ſigne qu'il veut le lui attacher lui-même*

THERESE.

Tu voudrois le placer toi-même à mon côté ?

MAZET *répond en baiſſant la tête :*

Hem.

THERESE *à part.*

Son embarras me fait rire.
(*a Mazet.*) Ce ſeroit trop de liberté.

MAZET *le lui preſente à genoux.*

THE-

THERESE.

Il m'en prie à genoux! je ne puis l'en dédire.
J'y consens, puisque tu le veux.

MAZET *attache le bouquet, & s'en retourne à son ouvrage.*

Ah! le pauvre garçon, comme il en est joyeux?

MAZET *à part.*

Tout va bien jusqu'ici.

THERESE.

Cependant quand j'y pense,
Je crains d'avoir trop loin poussé la complaisance.
Il m'aime je n'en puis douter.
Me convient-il de l'écouter?
Dans son état est-il fait pour me plaire
Ouï: mais s'il n'étoit pas muet,
C'est tout ce que je pourrois faire
De resister à mon penchant secret;
Mais c'est trop m'occuper de ce pauvre Mazet,
Qui peut-être n'y songe guéres:
Pour nous en détourner, visitons ma volière.

(Elle va à sa voliére qui est à côté du Théatre, & appelle ses Oiseaux.)

Petits, petits, petits, petits.
Venez, mes enfans, mes amis.

(Elle leur jette de la Graine, ou de la mie de pain.)

MAZET *à part & la regardant.*

Heureux oiseaux, que je vous porte envie!
De votre sort que mon cœur est jaloux!
Je donnerois, je crois, ma vie
Pour être cheri comme vous.

THERESE *à sa Volière.*

ARIETTE XV.

Gazouillez, petits oiseaux,
Voltigez sous ces ombrages,
Et chantez dans vos ramages
Vos plaisirs toujours nouveaux.

Viens aimable tourterelle:
Aux amans sers de modèle;
Viens soupirer avec moi.

Gentil moineau qu'Amour presse,
Si l'on gêne ta tendresse,
Peut-être que ta maîtresse
Est plus à plaindre que toi.
Gazouillez, &c.

(*Pendant cette Ariette Mazet sort du Théatre, Therese ne le voyant plus, dit:*

Qu'est dévenu Mazet? Il est où son ouvrage
Le mène. J'ai bien dit, c'étoit un badinage
Dont j'avois tort de m'effrayer.
(*avec depit.*) Pour lui montrer à me railler,
Je ne veux plus porter son bouquet davantage.

MAZET *rentre sur le théatre avec un nid de petits Oiseaux.*

THERESE.

Que vois-je?

MAZET *à part.*

Elle aime les oiseaux,
En voici deux nouvellement éclos,
Et dont je vais lui faire hommage.

THERESE *à Mazet.*

Que m'apportes-tu là? C'eſt un nouveau préſent?
Mazet, mais rien n'eſt plus galant.
(Elle prend le nid.)

ARIETTE XVI.

Qu'ils ſont jolis!
Qu'ils ſont gentis!
Ne craignez rien, mes chers petits:
Oui, vous ſerez mes favoris.
Je veux moi même
Vous élèver,
A repeter,
Je vous aime.
Elle leur donne ſon doigt à becqueter. Baiſez, mon fils; baiſez, mignon...
Ah! vous mordez, petit fripon.
Qu'ils ſont jolis!
Qu'ils ſont gentis!
Cent fois le jour vous ſerez baiſés,
Careſſees,
Baiſés,
Careſſés, Baiſés.
Petit fils, petit fils.

(à Mazet) Cache-les quelque part, de peur qu'on ne les voie:
J'en veux doresnavant
Faire tout mon amuſement,
Mon plaiſir & ma joye.

MAZET *les cache dans un buiſſon.*

THERESE *à part.*

Le trait n'eſt pas d'un ſot. Mazet a de l'eſprit.
L'Amant le plus adroit n'auroit pas ſçu mieux faire.
(avec ſentiment.) Ah! ſi ſon but eſt de me plaire,
Je l'avoue à regret; mais il y réuſſit....

 Mes

Mes fleurs ne ſont point arroſées,
Je laiſſe deſſécher ces roſes, ces œillets.
(Elle prend un arroſoir.) L'amour dont j'éprouve les traits,
Occupe toutes mes penſées.

MAZET *revenant.*

(à part.) Que fait-elle donc là? *(Il veut lui ôter l'arroſoir.)*

THERESE *lui reſiſtant.*

Laiſſe, c'eſt mon plaiſir.

MAZET *inſiſte.*

THERESE.

Non, non. Laiſſe-moi faire.

MAZET *lui répréſente que le jardin eſt de ſa compétence, & qu'il eſt obligé d'y travailler.*

THERESE.

Oui, ton devoir t'oblige
A ſoigner le jardin. Mais laiſſe moi, te dis-je.

MAZET *témoigne de l'impatience.*

THERESE *le repouſſant*

Ne t'inquiéte pas.

MAZET *avec un peu de violence veut prendre l'arroſoir.*

THERESE.

Eh bien! veux tu finir?

ARIETTE XVII.

Ce petit coin eſt en reſerve,
Ce ſont des fleurs que je conſerve,
J'en aurai ſoin, n'y touche pas.
Je les cultive, & j'en diſpoſe.

Pour

Pour t'occuper, fais autre chose.
Cela t'afflige, (*Mazet boude.*) he bien! Arrose,
(*Mazet arrose.*)
Arrose tant que tu voudras.

Therese voulant reprendre l'arrosoir.

Donne à present. . . .

MAZET *saisit la main qu'elle lui à presentée & la baise.*

THERESE *affectant de la sévérité.*

Mazet, Mazet.
Vous vous émancipez.

SCENE VII.

MAZET, THERESE, ISABELLE,

ISABELLE.

Avez-vous bientôt fait?
Ma sœur, il me paroit que le jeu vous amuse.

THERESE.

Il est vrai, pardonnez . . .

ISABELLE.

Ne cherche point d'excuse;
Mais enfin, c'est mon tour.

THERESE.

Ma sœur, il est charmant.

ISABELLE.

Oui da!

THERESE.

Sans dire mot, il s'exprime, on l'entend.

Elle sort.

MAZET *à part.*

L'occasion étoit si belle
Pourquoi cette soeur vient-elle
Nous troubler si mal à propos?

SCENE VIII.

ISABELLE, MAZET.

ISABELLE.

Tu te fatigues trop. Laisse-là ton ouvrage....
Il faut prendre un peu de repos. . .
Veux-tu te raffraichir? . .

MAZET *à part.*

J'enrage.

ISABELLE.

Comment te trouves-tu de ta condition?....
Quel âge as tu bien?... reponds donc. . .

(*Mazet ne fait pas semblant de l'entendre*)

à part. Se peut-il que ma ſœur ait eu la complaiſance
De reſter ſi long tems avec un tel balourd?
Il faut croire auſſi qu'il eſt ſourd. . . .
C'en eſt trop, je perds patience.

ARIETTE XVIII.

Voyez ce magot,
S'il me dit un mot;
Il ne prend pas garde
Que je le regarde;
Ce n'eſt qu'un ſot.
Devant lui je paſſe . . . . (*Elle paſſe devant lui.*)
C'eſt moi, mon enfant
Il change de place (*Mazet la regarde indifferemment, & va d'un autre côté.*)
Le pauvre innocent!

Je me trompe fort,
Si d'un tel abord
Nous pouvions rien faire.
Sans tant de miſtére, (*Mazet s'en va ſans rien dire.*)
Il faut s'en défaire.
Il faut au plutôt,
Chaſſer ce Nigaud.

Il s'en eſt allé, bon voyage.
Je ne puis me réſoudre à le voir d'avantage.
C'eſt un monſtre à mes yeux.

SCENE IX.

ISABELLE, THERESE,

THERESE.

HE bien! que ditez-vous
De notre jardinier?

ISABELLE.

J'en suis très mécontente.

THERESE.

Hélas! qu'à-t-il donc fait qui vous mette en courroux?

ISABELLE.

C'est un impertinent.

THERESE.

Vous êtes violente:
Vous l'aurez maltraité.

ISABELLE.

Qui moi?
Je n'en suis pas capable.

THERESE.

En quoi
A-t-il donc mérité tout d'un coup vôtre haine?

ISABELLE.

Toute explication est vaine.

DUO

DUO.

ISABELLE.

Il ſortira.

THERESE.

Pourquoi cela?

ISABELLE.

Tout au plus vîte.
Qu'il cherche gîte.

THERESE.

Qu'a-t-il donc fait?

ISABELLE.

Il me déplaît.

THERESE.

Mais ſi ma Tante
En eſt contente . . .

ISABELLE.

Il ſortira.

THERESE.

Pourquoi cela?
C'eſt un caprice,
Une injuſtice.

ISABELLE.

Moi, des caprices!
Des injuſtices!

THERESE.

Et oui, ma Sœur.

ISABELLE.

C'eſt vous, ma Sœur.
Ce beau Monſieur
Vous tient au cœur
C'eſt une horreur.

THERESE.

Quelle noirceur!

SCENE X.

Les mêmes & Dame GERTRUDE.

Même air en TRIO.

GERTRUDE.

Quelle rumeur!

LES DEUX SOEURS.

C'eſt au ſujet
De ce Mazet.

GERTRUDE.

Qu'a t-il donc fait,
Il lui déplaît.

ISABELLE.

Ce beau Monſieur
Lui tient au cœur.

THERESE.

Mais ſi ma Tante
En eſt contente.

GER-

GERTRUDE.

J'en suis contente,
Et très contente.

ISABELLE.

Il sortira.

THERESE.

Pourquoi cela?

GERTRUDE.

Il restera.

GERTRUDE.

Et de quel droit, mes Demoiselles,
Donnez-vous des ordres ici?

THERESE.

Là, c'est bien fait.

GERTRUDE.

Et vous aussi.
De quoi vous mêlez-vous, petites perronnelles?
Je suis seul maîtresse, & le serai toujours.

THERESE.

Ce n'est pas moi....

GERTRUDE.

Point de discours.
Allez dire à Mazet qu'il vienne toute à l'heure.

ISABELLE.

Que m'importe, pourvû qu'il sorte?

THERESE.

Qu'il demeure.

ISABELLE.

Oh ! nous verrons.

THERESE.

Sans doute l'on verra
Qui de nous deux l'emportera.

SCENE XI.

Madame GERTRUDE, *seule.*

Voilà pourtant comme une Veuve
Eſt ſans ceſſe dans l'embarras :
J'en fais une aſſez dure épreuve.
Ah ! pour m'en retirer, que ne ferois-je pas ?
Que dis-je? rien n'eſt plus facile....
Oui... mais que dira-t-on, ſi je franchis le pas ?
Un mari !...un mari me ſeroit fort utile.
Des terres à valoir,
Deux grandes niéces à pourvoir.
Il me faut quelqu'un qui partage
Mes travaux & mes ſoins :
Le fardeau me peſera moins.

(Mazet entre.)

SCE-

SCENE XII.

GERTRUDE, MAZET.

GERTRUDE.

Viens mon cher enfant, prens courage.
(à part) Il n'est pas mal tourné, ce garçon-là, souvent
Avec des telles gens, une femme est heureuse,
Bien plus qu'avec un beau galant.
Que t'a-t-on fait? d'où vient cette mine boudeuse?

MAZET *à part d'un air Chagrin.*

Que me veut cette vieille encore?

GERTRUDE *à part.*

T'es en colére! (*à Mazet*) Mes niéces
T'ont sans doute fait quelques piéces;
Mais je leur parlerai, va, calme ce transport.

ARIETTE XX.

Ne songe qu'à me plaire.
Entrens tu, mon enfant?
Et je saurai te faire
Le sort le plus charmant.
Mes niéces sont des Sottes,
Des franches idiottes,
Des esprits à rebours.
Et dont l'unique affaire
Est de crier toujours:
Ne songe qu'à me plaire.

Il

à part. { Il n'y parvient que trop,
Mon cœur va le galop.

Cette mine fripponne
En ſecret m'éguillonne,
Je ne ſçai quoi m'enflamme
Et maîtriſe mon ame.
Eloigne toi, mon fils,
Je ne ſçais où j'en ſuis;
Mais non demeure là:
Hé bien l'on en dira
Tout ce que l'on voudra.

Je n'y ſçaurois que faire . . .
Ne ſonge qu'à me plaire.
à part. { Il n'y parvient que trop,
Mon cœur va le galop.

MAZET, *à part.*

Oh! comme elle prend feu!

GERTRUDE.

Faut-il tant de fineſſe?
Tien, vois-tu; je ſuis maîtreſſe.
Abſolument je veux que tu reſtes ici.
Et pour que chacun te revére,
Te cheriſſe & te conſidére,
Il faut que tu ſois mon mari.

ARIETTE XXI.

Hé bien! qu'eſt ce qui t'arrête?
Profite de la Conquête
Que l'Amour
T'offre en ce jour.

Ré-

Reçoi mon cœur & ma foi,
Tu feras mon petit Roi,
Mon toutou,
Mon cher bijou.
Donne-moi ta main pour gage,
Et terminons le marché.

MAZET *vivement & brusquement.*

J'en ferois bien fâché.

GERTRUDE.

Que veut dire ce langage?
Quoi, Mazet
N'eſt pas muet!
Scélerat, fripon, fauſſaire,
En ce lieux que viens-tu faire?
Tu va le payer bien cher.

MAZET.

Ventrebille qu'ai je fait?
Moderez vôtre Colere.
Mon Secret eſt découvert:
C'eſt ma faute qui me perd.

MAZET.

Ecoute-moi de grace.

GERTRUDE.

Non.
Traître, je veux qu'on te puniſſe,
Et le vieux Nuto ton complice
Comme toi m'en fera raiſon.

SCENE XIII.

GERTRUDE, MAZET, ISABELLE, THERESE, NUTO.

GERTRUDE *voyant Nuto.*

Le voici . . . Suborneur indigne,
C'eſt donc toi qui dans ma maiſon
Introduis un larron,
En le faiſant paſſer pour muet?

NUTO.

Comment donc?

GERTRUDE.

De cette fourberie inſigne
Tu recevras le prix, c'eſt moi qui t'en répond.

NUTO.

Eſt - ce qu'il ne l'eſt pas?

LES DEUX SOEURS.

Il n'eſt pas muet?

GERTRUDE.

Non.

NUTO.

Tant mieux, j'en ſuis bien aiſe.

THE-

THERESE.

Oh, oh! quelle avanture?

NUTO.

Car enfin, malgré sa figure
Et son bien, voyez vous, on fait trés peu de cas
D'un homme qui ne parle pas.

GERTRUDE.

Je veux sçavoir le fin de tout ce Stratagême,
Ou nous verrons beau jeu.

NUTO.

Palsangué, le voilà.
Puisqu'il n'est plus muet, qu'il le dise lui-même:
Je ne me mêle point de ces affaires là.

GERTRUDE.

Et bien, pendart, veux-tu nous dire
Quel sujet t'améne en ces lieux?

MAZET.

Ne vous fachez pas... c'est..que je suis amoureux.

GERTRUDE.

De qui?

NUTO *à Gertrude.*

De vous peut-être.

THERESE *à part.*

Ah! je respire.

GERTRUDE *à Nuto.*

Attends, coquin, je vais t'apprendre à rire
(*à Mazet*) Et quel est ton espoir? dis-moi

Crois-tu qu'un galant comme toi
Soit fait pour s'allier à gens de notre sorte?

MAZET.

Mais dans l'ardeur qui vous transporte,
Vous m'avez trouvé bon pour vous.

GERTRUDE.

Tu fais le raisonneur.

NUTO.

Tout doux.
S'il a de bons desseins, qu'avez-vous à lui dire?
Parmi beaucoup de gros Monsieux,
Dont l'éclat frapperoit vos yeux,
Vous pourriez encore trouver pire.
(*à Mazet*) Hé bien! défens-toi donc, benêt:
Nomme la beauté qui t'enchante.

Madame que voilà, n'est pas assez méchante
Pour te la refuser, si ton hommage plaît.

MAZET *montrant Therese.*

La voici.

THERESE *à part.*

Bon je suis au fait.

GERTRUDE.

Je ne crois pas qu'elle y consente.

THERESE.

Pardonnez-moi, ma Tante.

GERTRUDE.

Quoi! vous avez le front! . . .

THERESE.

De quoi me blamez vous?

NUTO.

Et sans doute, pourquoi differer d'avantage?

Sans

Sans barguigner, donnez lui cet époux:
C'eſt un Créſus, c'eſt le Coq du Village.

MAZET.

Si l'on pouvoit en aimer trois,
(à Gertrude) Vous auriez eu part à ma flamme;
Mais en s'emparant de mon ame,
L'Amour pour cette belle avoit fixé mon choix.

GERTRUDE.

Hé bien donc! j'y donne ma voix.

ISABELLE

Oui, oui, vous allez faire une belle alliance.

MAZET *à Iſabelle.*

Et quoi! chere petite Sœur,
Verriez-vous avec répugnance
Des nœuds qui feront mon bonheur?

NUTO *à Iſabelle.*

N'en parleriez-vous pas tant ſoit peu par envie?

GERTRUDE.

Eh? que ſçait-on?

ISABELLE.

Moi, de la Jalouſie!

MAZET.

Non, non, je ſuis certain qu'Iſabelle a bon cœur.
Si j'ai pu l'offenſer, elle eſt bonne perſonne,
Je ſuis ſur qu'elle me pardonne.
(en l'embraſſant.) Qu'en dites-vous?

ISABELLE *ſouriant.*

Il le faut bien.

NUTO *à Mazet.*

Et Madame Gertrude, rien?

MAZET *à Madame Gertrude.*

Permettez-vous, ma chere Tante?
(Il l'embrasse.)

GERTRUDE.

De tout mon cœur.

NUTO *à Mazet.*

Therése est dans l'attente. . :
Allons : en beau Chemin, ne faut pas s'arrêter.

MAZET *à Nuto.*

Tai-toi, va je recule, afin de mieux sauter.

CHOEUR.

MAZET, THERESE.

Ah! quel plaisir
Vient me saisir!
J'obtiens enfin tout ce que j'aime
Si nos amours
Durent toujours,
Nous jouirons d'un bien Suprême.
C'est mon espoir, c'est mon desir.
Ah! quel plaisir
Vient me saisir!
J'obtiens enfin tout ce que j'aime.
Ah! quel plaisir!
Ah! quel plaisir!

LES TROIS AUTRES.

Livrez vos cœurs au doux plaisir :
Mazet obtient tout ce qu'il aime.
Que vos amours
Durent toujours,
Vous jouirez d'un bien Suprême.
Livrez vos cœurs au doux plaisir;
Mazet obtient tout ce qu'il aime;
Livrez vos cœurs au doux plaisir.

FIN.

www.ingramcontent.com/pod-product-compliance
Ingram Content Group UK Ltd.
Pitfield, Milton Keynes, MK11 3LW, UK
UKHW021818190726
13853UKWH00003B/1043